LETTRE
D'EVGENE
A PHILEVGLOTTIE.

CONTENANT LA CENSVRE
de la Para-phrase sur Iob, & des
autres ouurages du P. S.

MONSIEVR,

Ie sçay que vous estes curieux des choses qui
regardent les belles Lettres. C'est pourquoy je
vous fais part de quelques remarques que j'ay
faites sur la Paraphrase sur Iob, & sur les autres
liures du P. S. Comme la fausse éloquence a
quelque couleur de la veritable, & que le Dé-
clamateur contre-fait l'Orateur, cét escriuain à
la faueur de ses Phrases & de ses façons de parler
qui sont hardies, a pû surprendre les esprits, &
passer pour éloquent dans l'estime de ceux qui
n'ont jamais bien examiné ses ouurages. Quoy

que l'on puisse dire qu'il n'est point de bien plus
mal acquis que cette reputation. Mais si l'on
prend tous les jours le faux pour le vray:& si l'on
se trompe si souuent sur les apparences aux pieces de monnoye qui ont cours dans le cômerce
& à tant d'autres choses, où il va de l'interest, il
ne se faut pas estôner si le méme arriue quelque-
fois dans les jugemens que l'on fait des Pieces
d'esprit, dont le bon aloy est incomparablement
plus difficile à conêtre. Auant que de venir au
détail, ie vous diray en gros quel e style de cét autheur se trouue dépeint dans Quintilien au 12. L.
de ses institutions chapitre 10. en ces termes.

,,   Vitiosum & corruptum dicendi genus quod
,, aut immmodico tumore turgescit, aut ina-
,, nibus locis bacchatur, aut casuris, si leuiter
,, excutiantur, flosculis nitet, aut præcipitia pro
,, sublimibus habet, aut speciê libertatis insanit.
,, Si verô (adjouste plus bas ce Maistre de l'E-
,, loquence) judicium his corruptis acrius adhi-
,, beas, jam illud quod fefellerat, exuat menti-
,, tum colorem, & quadam vix enarrabili fœdi-
,, tate pallescat. Novs appellons cela en Fran-
çois, vne belle superficie, des Phrases, & point
de jugement. C'est ce qui a donné lieu au mesme Quintilien, pour mieux regler cette sorte de
style, de faire remarquer les qualitez solides
dont il doit estre accompagné, & de dire ensui-

,, te. Sed & copia habet modum , & nitor
,, ille cultum vilirem , & inuentio judicium.

Remarquez bien ce dernier mot, car c'est
dequoy vous trouuerez que ce Para-phraste
a le plus de besoin. Mais puis que la qualité
de Iuge que vôtre merite vous a acquise dans
l'empire des Lettres, à si juste tiltre, ne vous
permet pas de porter de jugement que sur les
preuues : Ie m'en vay vous les déduire, vous
suppliant de les vouloir bien examiner ; Pre-
nez donc s'il vous plaist la balance à la main.

Chap. 1. v. 2. ce Para-phraste parlant de
Iob dit, *Le ciel luy auoit donné sept fils, &*
trois filles, dont les vertus estoient si rares,&c.
Et aprés dans le mesme chap. v. 18. *Comme*
tous ses enfans disnoient en la maison de leur
frere aisné, & que noyans leurs soucis dans le
vin, ils ne pensoient qu'à se diuertir, &c.

CENSVRE.

C'est auoir bien-tost oublié ce qu'il venoit
de dire à leur loüange. Il offence la tempe-
rance des fils & des filles de Iob ,*noyer les sou-*
cis dans le vin, cela sent la goinfrerie.

Chap. 2. v. 1. & 2. rapportant selon son
texte, l'assemblée des Anges qui se fit deuant
Dieu ,& la rencontre du Démon qui se trou-
ua parmy eux, & croyant deuoir embellir cet
endroict d'vne description , il débute ainsi.

Quand chacun eut pris son rang, & que les places furent distribuées selon le merite. &c.

CENSVRE.

Comme si dans le Ciel il y eut eu vn maistre de ceremonies qui eût conduit les Angés dans leurs places, & le Diable dans la sienne. Voila qui est du dernier ridicule.

Dans le même chap. v. 8. il éleue sa voix, & s'escrie, *Ce Prince innocent & malheureux qui ne parloit à ses sujets que dans vn thrône.*

CENSVRE.

Au pis-aller c'est tout ce qu'il eût pû dire d'vn Empereur Mahometan, de qui les sujets sont ses esclaues. Il affecte trop de donner vne grande idée de la grandeur de Iob, qui, estant tres-vertueux estoit sans doute d'vn facile accés qui ne sentoit point la fierté d'vn tyran; & de plus il viuoit dans vn temps où les Princes n'auoient pas cette pompe ni cette Majesté qu'ils ont euë depuis. Cela est donc trop enflé, & cela s'appelle déclamer.

Verset 10. *il condamnoit l'imprudence de sa femme, & par des raisons qu'il ne pouuoit auoir apprises que des Anges,* remarquez, *luy representoit que tout ce qui vient de la main de Dieu, doit estre également estimé.*

CENSVRE.

C'est vne ignorance tres grossiere, & vne

erreur de dire que Iob ait eu des raiſons qui luy perſuadoient la patience, *leſquelles il n'ait pû apprendre que des Anges*, ñi qu'il ait eû des lumieres pour grandes qu'elles fuſſent, qu'il n'ait pû receuoir que de ces eſprits: Comme ſi Dieu pour nous éclairer eſtoit obligé & reduit neceſſairement à ſe ſeruir de leur miniſtére. Il s'en ſert quand il veut, mais c'eſt vn choix qui lui eſt libre d'éployer ſes Angespour nous inſtruire, ou bien de nous éclairer luy-même immediatement par ſes lumieres qu'il répand dans noſtre entendement, & il a declaré par la bouche de l'Epoux des Cãtiques que ſans emprunter vne voix eſtrangere, il veut luy-même ſe faire entendre à l'aureille du cœur. ,, Loquar ad cor eius. En effect ſouuent il deuient nôtre Maiſtre, il ne dédaigne point cette fonction , & l'homme ſe peut glorifier d'eſtre le Diſciple du S. Eſprit.

Chap. 5. verſ. 7. *L'homme n'a point de plus mortel ennemy que le repos.*

CENSVRE.

Le mot de *repos*, qui fait vne contre-verité, n'eſt pas bon en ce lieu là il faut dire, *l'oiſiueté.*

Chap. 6. verſ. 10. *La mort eſt ſi bien l'objet de tous mes deſirs, qu'on ne doit point apprehender que j'en appelle, quand celuy qui eſt Saint par excellence, m'y condamnera.*

CENSVRE.

N'appeller point, eſt vne façon de parler qui eſt ridicule quand on s'en ſert pour exprimer la reſignation aux ordres qui viennent de la part de Dieu, à cauſe de l'excellence de ſon Eſtre, qui le rend le ſouverain des ſouuerains à qui rien ne peut reſiſter. Et l'on ſçait aſſez qu'on ne peut pas pas appeller des volontez de Dieu, puis que même ſelon le ſentiment des loix c'eſt vne folie inutile de dire qu'on n'appelle pas de celles du Prince. „ Stultum eſt illud admonere, à principe ap„ pellare fas non eſſe, dit fort bien le Iuriſconſulte Vlpien.

Chap. 8. verſ. 16. *Le Printemps qui voit naiſtre & mourir toutes les fleurs.*

CENSVRE.

O le mauuais fleuriſte! Puis qu'il ne le ſçait pas, il faut luy apprendre que l'Eſté eſt la ſaiſon des belles roſes, des œillets, du jaſmin, & de l'immortelle qui ſe conſerue juſqu'à la gelée.

Chap. 9. verſ. 6. *Il fait trembler la terre quand il luy plaiſt, & bien qu'elle ſoit le centre du monde, il la fait changer de place quand il veut.*

CENSVRE.

Si ce Para-phraſte s'imagine qu'aux tremblemens de terre, Dieu tráſporte la terre hors

du centre du monde, c'est encore vne ignorance tres-groſſiere; Et s'il entend ſeulement
que Dieu le peut faire , il s'explique fort
mal , parce que d'vne choſe que l'on n'a
jamais faite, mais ſeulement qu'on a le pou-
uoir de faire, l'on ne dit pas qu'on l'a fait
quand on veut. Comme l'on ne diroit pas
d'vn homme qui ne ſeroit jamais allé à Rome,
il va à Rome quand il veut: mais il faut
dire, il peut aller à Rome quand il voudra:
Et pour reuenir à nôtre Autheur , il faudroit
dire, il la fera changer de place quand il
voudra.

Chap. 10. verſ. 18. Sur ces paroles du texte. „ Vtinam conſumptus eſſem ne oculus
me videret! Il dit; *Puis que vous auez conclu*
que je ſerois la fable du monde, & que ma mi-
ſere ſeroit auſſi honteuſe qu'injuſte, que n'auez
vous obligé la mort de m'ôter la vie pour me
conſeruer l'honneur?

CENSVRE.

Cette interrogation péche contre le jugement. Si Dieu auoit conclû de rendre Iob
miſerable, & la fable du monde, neceſſairement il deuoit le laiſſer viure pour le laiſſer
ſouffrir, parce que la ſpouffrance ſuppoſe l'e-
xiſtence, auſſi bien que l'action, (comme di-
ſent les Philoſophes.) Ce qu'il veut dire vaut

mieux que ce qu'il dit ; Il faut auoir de la charité pour luy, & rajuster ses Phrases. Il falloit donc dire. Au lieu de conclurre, que je serois la fable du monde, que n'auez vous plûtôt obligé la mort, &c.

Chap. 15. vers. 16. Il explique ainsi ces paroles du texte. „ Homo qui bibit quasi „ aquam iniquitatem. *Qui par vn étrange aueuglement se persuade que boire de l'eau, & faire vn peché, sont deux actions également indiferentes.*

CENSVRE.

L'aueuglement est du côté de cét Ecriuain, & non pas du côté du pecheur. *Boire l'iniquité comme de l'eau*, ne signifie autre chose, que pecher facilement, & cela est passé en prouerbe, *Aussi facilement que d'aualer un verre d'eau*, pour dire que l'on se porte à quelque action sans hésiter : Ainsi ces paroles de Iob, *Le pecheur boit l'iniquité comme de l'eau*, ne signifient pas que le pecheur juge que faire vn peché soit vne action aussi indifferente que de boire de l'eau : Et c'est auoir bien peu de talent pour expliquer les choses, que de leur dôner vn si mauuais sens. Au contraire quâd l'homme péche, il sçait bien qu'il quitte le bien pour suiure le mal : Et pour ce regard le dereglement n'est pas dans son entendement,

tendement , mais seulement dans sa volonté,
qui se porte au mal auec trop de facilité.

Chap. 19. verf. 11. ,, Et fic me habuit quasi
,, hostem suum, ce qui ne veut dire autre
chose, comme vous voyez bien, si ce n'est
que Dieu auoit traitté Iob comme s'il eust
esté son ennemy; Il luy fait dire. *Et mon mal-
heur luy a persuadé que j'estois son ennemy.*

CENSVRE.

Cét homme a perdu le jugement. Il prend
Dieu pour vn innocent & pour vn visionnai-
re, & pour estre capable d'vne terreur pa-
nique, puis que la pauureté & la misere d'vn
homme couuert d'vlceres & couché sur vn
fumier, luy persuadent qu'il est son ennemy.
Toutes les disgraces du monde ne sçauroient
causer cette erreur; & il n'y a que le peché
qui puisse persuader à Dieu que l'homme soit
son ennemy. Pour vous oster le mauvais goust
d'vne si méchante Paraphrase, & adoucir le
déplaisir que vous aurez de voir vn si bel endroit si mal traitté, je veux vous rapporter
icy ce que l'Eloquent Monsieur du Vair a dit
sur ce texte dans ses Meditations sur Iob.
*Qu'on regarde tout ce qu'on peut faire de pis à son
ennemy, quand aprés vn fumeux combat procedé
d'vne haine inueterée & enragée, on le tient en-
tre ses mains, & ce sera l'image du traittement*

que Dieu m'a fait.

Chap. 23. verſ. 12. Voicy comment il pretend enrichir l'expreſſion de Iob. „ In ſinu „ méo abſcondi verba oris eius. *Ne jugeant pas que le marbre fut digne de receuoir les paroles de ſa bouche, je les ay grauées dans mon ame.*

CENSVRE.

Ie me perſuade facilement que cét Ecriuain a crû rencontrer vn thréſor quand cette penſée luy eſt venuë ; & qu'il la regardée comme vne des plus rares productions de ſon genie ; quoy que ce ne ſoit qu'vn faux brillant, ou plûtôt vne fumée de ſon imagination, qui fait voir la foibleſſe ordinaire de ſon jugement : A parler ſainement, l'ame ayant eſté ſoüillée par le peché qui la rend l'objet de la colere de Dieu, & le marbre n'eſtant pas capable de luy déplaire ; l'ame n'eſt pas plus digne que le marbre de receuoir ſes paroles. Au fond, pour parler dignement de Dieu, ny l'ame, ny le marbre, ny aucune autre creature, quelque perfection & quelque aduantage qu'elle puiſſe auoir par deſſus le autres, n'eſt digne de receuoir les paroles qui ſortent de la bouche de Dieu.

Chap. 30. verſ. 15. „ Abſtulit quaſi ventus deſiderium meum. *Mes eſperances que j'eſtimois d'autant plus juſtes, qu'elles n'eſtoient ap-*

puyées que sur l'integrité de mes actions, & la verité des promesses de Dieu, se perdirent comme le vent.

CENSVRE.

C'est vn blasphême dont il n'y a que son ignorance qui le puisse excuser. Les esperáces qui sont fondées sur la verité des promesses de Dieu, ne se peuuent pas perdre ; Et il n'est pas moins necessaire que ces esperáces soient suiuies de la possession de leur objet, qu'il est necessaire que Dieu soit veritable, & sinceré dans ses promesses. Autrement Dieu pourroit estre menteur ; ce qui ne se peut penser sans blasphême. Et c'est de la fermeté de cette sorte d'esperances que Saint Paul nous assure. *Spes non confundit.*

Chap. 39. vers. 24. Faisant la description d'vn cheual. *L'on juge,* dit-il, *par ses actions, qu'il sent la guerre, qu'il présage le combat, & qu'estant deuenu raisonnable* (remarquez bien ce mot là) *Il s'anime par les harangues des Capitaines.*

CENSVRE.

Il n'y a que cét Autheur qui puisse faire vn si mauuais jugement. Vn cheual pour fougeux & pour alarmé qu'il puisse parêtre des tanfares des trompettes, & du bruit des Officiers d'vne armée, c'est le sens de l'Hebreu

dót la verfion porte. „Strepitum principum,
au lieu, „ d'Exhortationem ducum , n'eſt
pas pour cela *deuenu raiſonnable*. Ce ne ſont
que des effects des impreſſions qu'il a receuës
dans les ſens, & non pas des actions qui pro-
cedent de la raiſon qui luy ſoit ſuruenuë: Et
quoy qu'il puiſſe dire à ſon aduantage, ſon
cheual ſera toûjours vne beſte.

Si juſques à preſent tant de foibleſſes de
cét Eſcriuain n'ont fait que vous donner de
la pitié : En voicy vne qui va bien vous faire
rire, & qui toute ſeule vous payera du déplai-
ſir que vous pouuez auoir de voir Iob ſi malheureux aprés ſa mort, que d'eſtre tombé en-
tre les mains de ce pitoyable interprete.

Chap. 41. v. 25. C'eſt icy la fin de la deſ-
cription de la baleine, qu'il auoit appellée
vn monſtre de la mer. *Il eſt ſi grand, dit le P.*
S. que quand il leue ſa teſte ſur les flots, il void
au deſſous de luy les plus ſuperbes montagnes.

CENSVRE.

Dieu nous garde d'vn ſi grand monſtre! Cela eſt extrauagant. Les plus hautes montagnes ont deux mille deux cens cinquante pas
de perpendicule, & ſans penſer à ce qu'il dit,
il nous repreſente la baleine eleuant ſa teſte
au deſſus des plus ſuperbes montagnes. N'eſt-
ce pas vne chimere qu'il dépeint, de qui la

corpulence s'estend depuis la Mer jusques au cercle de la Lune? Il n'y a personne qui n'auoüe qu'il faut auoir la teste bien creuse pour produire vne chimère de cette nature. Ie sçai bien que l'hyperbole trouue quelque fois place dans la Prose aussi bien que dans la Poësie: Mais quoy qu'elle soit libre, il ne luy est pas permis de passer vne juste mesure, selon la regle que Quintilien en a donnée. ,, Quamuis ,, enim sit omnis hyperbole vltra fidem, non ,, tamen esse debet supra modum, nec alia ,, magis viâ in καικζαλιας itur. De plus, vous remarquerez, s'il vous plaist, qu'il a peché contre ce que les Maistres appellent le *decorum* ; lequel ne permet pas indifferemment à tous toute sorte de façons de parler; Et par là vous verrez encore qu'elle estime il faut faire du jugement de cét Escriuain, qui fait parler Dieu même par des hyperboles si extrauagantes : Car si vous consultez l'original, vous trouuerez que c'est Dieu qui parle dans cét endroit. C'est icy le lieu de vous faire souuenir de ce que je vous ay dit de son style au commencement de cette Lettre. ,, Specie libertatis insanit.

L'Homme Criminel, & *l'Homme Chrestien*, *l'V-sage des passions*, & *les Panegyriques des Saincts*, qui sont les enfans puis-nez de ce Para-phra-

ste, sont pour le moins aussi défectueux que
leur aisné, & fournissent tous vne belle ma-
tiere pour faire vn mauuais Panegyrique à
l'Autheur. Ce ne sont, à dire le vray, que des
liures de Phrases d'vn Escriuain qui est toûjours semblable à luy-même, & de qui les
défauts sont comme les ombres de sa plume
qui la suiuent par tout. A considerer la har-
diesse de ses façons de parler, celle de son
geste, & du ton de sa voix, il est aizé de ju-
ger que la nature a voulu faire vn *Déclama-*
teur; Et comme son employ le met sur le chan-
delier, l'on peut dire que c'est vn flambeau
qui jette bien de la fumée, ou si vous voulez
vne lumiere qui est sujette à tomber bien
souuent en éclypse.

Ad populum phaleras ? Egote intus & in
cute noui.

Ie ne crois pas qu'il y ait dans le Royaume
d'homme si peu versé aux bonnes Letres qui
ayant fait le même examen, ne fasse aussi le
même iugement. Peut-estre vous en dirai-je
d'auantage dans vne seconde Lettre. Cepen-
dant je demeure &c.